How Many Years?

by Katherine Krieg

amicus readers 2

amicus readers

Say Hello to Amicus Readers.

You'll find our helpful dog, Amicus, chasing a ball—to let you know the reading level of a book.

1 Learn to Read

Frequent repetition, high frequency words, and close photo-text matches introduce familiar topics and provide ample support for brand new readers.

2 Read Independently

Some repetition is mixed with varied sentence structures and a select amount of new vocabulary words are introduced with text and photo support.

3 Read to Know More

Interesting facts and engaging art and photos give fluent readers fun books both for reading practice and to learn about new topics.

Amicus Readers are published by Amicus
P.O. Box 1329, Mankato, MN 56002
www.amicuspublishing.us

Photo Credits: Wavebreak Media/Shutterstock Images, cover; Shutterstock Images, 1, 7, 10, 14–15, 16; Mila May/Shutterstock Images, 3; Ruth Black/Shutterstock Images, 4–5; Purestock/Thinkstock, 9; iStockphoto, 13

Produced for Amicus by The Peterson Publishing Company and Red Line Editorial.

Editor Jenna Gleisner
Designer Becky Daum

Library of Congress
Cataloging-in-Publication Data
Krieg, Katherine, author.
How many years? / by Katherine Krieg.
pages cm. -- (Measuring time) (Amicus readers)
Summary: "Introduces activities young readers experience in a matter of years, such as celebrating a birthday, while teaching ways to measure a year and how it compares to months"-- Provided by publisher.
Audience: K to grade 3.
ISBN 978-1-60753-726-7 (library binding)
ISBN 978-1-60753-830-1 (ebook)
1. Year--Juvenile literature. 2. Time--Juvenile literature. I. Title.
QB209.5.K76 2014
529.2--dc23

2014048259

Printed in Malaysia
10 9 8 7 6 5 4 3 2 1

We use years to measure time. A year is 12 months long. How many years old are you?

You have 1 birthday each year. You are 1 year older on your birthday. That is also

365 days.

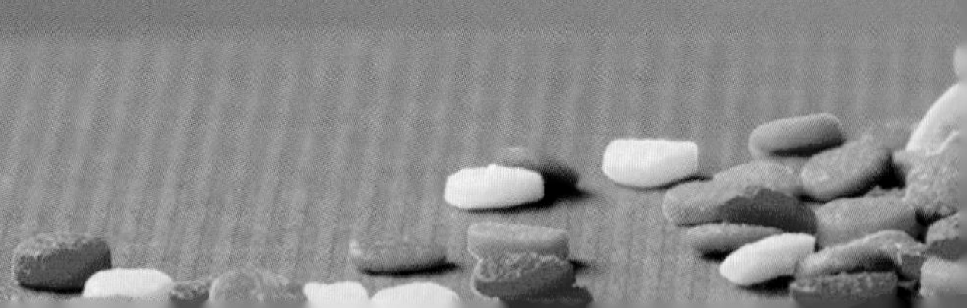

You can mark your birthday on a calendar. A calendar shows a whole year, or all

12 months.

my birthday

January

S	M	T	W	T	F	S
			1	2	3	4
5	6	7	8	9	10	11
12	13	14	15	16	17	18
19	20	21	22	23	24	25
26	27	28	29	30	31	

February

S	M	T	W	T	F	S
						1
2	3	4	5	6	7	8
9	10	11	12	13	14	15
16	17	18	19	20	21	22
23	24	25	26	27	28	

March

S	M	T	W	T	F	S
						1
2	3	4	5	6	7	8
9	10	11	12	13	14	15
16	17	18	19	20	21	22
23/30	24/31	25	26	27	28	29

April

S	M	T	W	T	F	S
		1	2	3	4	5
6	7	8	9	10	11	12
13	14	15	16	17	18	19
20	21	22	23	24	25	26
27	28	29	30			

May

S	M	T	W	T	F	S
				1	2	3
4	5	6	7	8	9	10
11	12	13	14	15	16	17
18	19	20	21	22	23	24
25	26	27	28	29	30	31

June

S	M	T	W	T	F	S
1	2	3	4	5	6	7
8	9	10	11	12	13	14
15	16	17	18	19	20	21
22	23	24	25	26	27	28
29	30					

July

S	M	T	W	T	F	S
		1	2	3	4	5
6	7	8	9	10	11	12
13	14	15	16	17	18	19
20	21	22	23	24	25	26
27	28	29	30	31		

August

S	M	T	W	T	F	S
					1	2
3	4	5	6	7	8	9
10	11	12	13	14	15	16
17	18	19	20	21	22	23
24/31	25	26	27	28	29	30

September

S	M	T	W	T	F	S
	1	2	3	4	5	6
7	8	9	10	11	12	13
14	15	16	17	18	19	20
21	22	23	24	25	26	27
28	29	30				

October

S	M	T	W	T	F	S
			1	2	3	4
5	6	7	8	9	10	11
12	13	14	15	16	17	18
19	20	21	22	23	24	25
26	27	28	29	30	31	

November

S	M	T	W	T	F	S
						1
2	3	4	5	6	7	8
9	10	11	12	13	14	15
16	17	18	19	20	21	22
23/30	24	25	26	27	28	29

December

S	M	T	W	T	F	S
	1	2	3	4	5	6
7	8	9	10	11	12	13
14	15	16	17	18	19	20
21	22	23	24	25	26	27
28	29	30	31			

Each new year starts on January 1. How many times have you celebrated the New Year?

HAPPY
NEW YEAR

School starts in September for Amy. The next September, or 12 months later, she will start the next grade. That is

1 year.

How much do you grow in 1 year?
Most kids grow about 2 inches in

1 year.

You can measure yourself each year to find out.

You probably have some friends you have known for a long time.

How many years have you known your best friend?

Measuring Years

January

S	M	T	W	T	F	S
			1	2	3	4
5	6	7	8	9	10	11
12	13	14	15	16	17	18
19	20	21	22	23	24	25
26	27	28	29	30	31	

February

S	M	T	W	T	F	S
						1
2	3	4	5	6	7	8
9	10	11	12	13	14	15
16	17	18	19	20	21	22
23	24	25	26	27	28	

March

S	M	T	W	T	F	S
						1
2	3	4	5	6	7	8
9	10	11	12	13	14	15
16	17	18	19	20	21	22
23/30	24/31	25	26	27	28	29

April

S	M	T	W	T	F	S
		1	2	3	4	5
6	7	8	9	10	11	12
13	14	15	16	17	18	19
20	21	22	23	24	25	26
27	28	29	30			

May

S	M	T	W	T	F	S
				1	2	3
4	5	6	7	8	9	10
11	12	13	14	15	16	17
18	19	20	21	22	23	24
25	26	27	28	29	30	31

June

S	M	T	W	T	F	S
1	2	3	4	5	6	7
8	9	10	11	12	13	14
15	16	17	18	19	20	21
22	23	24	25	26	27	28
29	30					

July

S	M	T	W	T	F	S
		1	2	3	4	5
6	7	8	9	10	11	12
13	14	15	16	17	18	19
20	21	22	23	24	25	26
27	28	29	30	31		

August

S	M	T	W	T	F	S
					1	2
3	4	5	6	7	8	9
10	11	12	13	14	15	16
17	18	19	20	21	22	23
24/31	25	26	27	28	29	30

September

S	M	T	W	T	F	S
	1	2	3	4	5	6
7	8	9	10	11	12	13
14	15	16	17	18	19	20
21	22	23	24	25	26	27
28	29	30				

October

S	M	T	W	T	F	S
			1	2	3	4
5	6	7	8	9	10	11
12	13	14	15	16	17	18
19	20	21	22	23	24	25
26	27	28	29	30	31	

November

S	M	T	W	T	F	S
						1
2	3	4	5	6	7	8
9	10	11	12	13	14	15
16	17	18	19	20	21	22
23/30	24	25	26	27	28	29

December

S	M	T	W	T	F	S
	1	2	3	4	5	6
7	8	9	10	11	12	13
14	15	16	17	18	19	20
21	22	23	24	25	26	27
28	29	30	31			

1 year

1 month